HÄDECKE

FINGERFOOD

VEGAN & VOLLWERTIG

von Annette Heimroth, Brigitte Bornschein & Markus Bonath

Hinweise zu den Rezepten

ABKÜRZUNGEN UND MASSE

Bei den Löffelangaben handelt es sich immer um das gestrichene Maß.

TL = Teelöffel	ml = Milliliter	g = Gramm	Msp = Messerspitze
EL = Esslöffel	l = Liter	Pck = Päckchen	TK = Tiefkühl

ROHKOSTANTEIL

ein erheblicher Teil ist Rohkost, **mindestens 30 %**

Rohkostanteil liegt **über 90 %**

Rohkostanteil erhöhen: Bio-Trockenfrüchte in Rohkostqualität verwenden (ungeschwefelt und ohne weitere Zusätze, schonend bei niedrigen Temperaturen unter 40 °C getrocknet oder gefriergetrocknet). Auch Nuss- und Mandelmus gibt es inzwischen in Rohkostqualität.

ZUTATEN

Als Salz verwenden wir unjodiertes Stein- oder Kräutersalz.

Die Öle für die Zubereitungen aus Frischkost sind nativ und kalt gepresst.

GRÜNKERNBÄLLCHEN (SEITE 38) MIT KRÄUTER- UND OLIVENDIP (SEITE 22 UND 23)

APFELSCHIFFCHEN MIT HUMMUS

für 18 Stück

- 50 g Kichererbsen, getrocknet
- ½ Zwiebel
- 1 kleine Tomate
- 1–2 EL Kokosöl
- 1 Knoblauchzehe
- 2 EL Zitronensaft
- 2 EL Sonnenblumenöl
- 2 EL Wasser
- 3 EL Tahin (ungeschälte Sesampaste ohne Salz)
- edelsüßes Paprikapulver
- Steinsalz
- schwarzer Pfeffer, frisch gemahlen
- 4 mittelgroße, feste Äpfel
- 1 Zitrone, Saft
- ca. 2 EL Rote-Bete-Saft
- 1 rote Gemüsepaprika für die Garnitur

Abbildung Seite 8

§ TIPPS §

§ Wer es gerne pikanter mag, kann statt der Paprika auch eine süßliche Chilischote für die Garnitur verwenden.

§ Zitronensaft auf den Apfelschnitzen mit einem Pinsel verteilen.

§ Die Kichererbsen waschen, mit der doppelten Menge Wasser bedecken (100 ml) und über Nacht einweichen lassen. Abgießen und das Einweichwasser wegschütten. In frischem Wasser etwa eine Stunde gar kochen.

§ Zwiebel schälen und fein würfeln, Tomate waschen und ohne Strunk in kleine Würfel schneiden. Kokosöl in einer Pfanne erhitzen und die Zwiebelwürfel darin andünsten. Tomate dazugeben und kurz mitgaren.

§ Knoblauchzehe schälen, durchpressen und mit dem Zwiebel-Tomaten-Gemisch, Kichererbsen, Zitronensaft, Öl, Wasser, Tahin, Paprikapulver, Salz und Pfeffer mit dem Pürierstab oder im Mixer zu einem cremigen Hummus pürieren und abschmecken.

§ Äpfel waschen, nach Wahl schälen, jeweils in sechs Schnitze aufteilen und das Kerngehäuse großzügig herausschneiden. Die Apfelschnitze in einer Schüssel gut mit dem Zitronensaft vermengen, damit sie nicht braun werden.

§ Hummus mit Rote-Bete-Saft nach Geschmack und Farbwunsch vermischen. Die Vertiefungen der Äpfel damit auffüllen, passend in Form streichen.

§ Paprikaschote waschen, von Strunk, Kernen und Trennwänden befreien und in schmale, längliche Stücke schneiden. Für die Garnitur jeweils einen „Mast“ aus Paprika in die Apfelschiffchen stellen.

ARTISCHOCKENAUFSTRICH

für ca. 320 g

- 100 g Salatgurke
- ½ rote Gemüsepaprika
- ca. 7 grüne, eingelegte Oliven (etwa 35 g)
- 1 Knoblauchzehe
- 2 Stängel Petersilie
- 150 g eingelegte Artischocken
- 1 Tomate
- 1 EL natives Leinöl
- 2 EL natives Olivenöl
- 1 TL zuckerfreier Senf
- 1 Spritzer Sojasauce „Tamari"
- 5 EL Wasser
- Steinsalz
- schwarzer Pfeffer, frisch gemahlen
- Rosmarin

§ Gurke waschen, nach Wunsch schälen und klein würfeln. Paprika waschen, von Strunk, Kernen und Trennwänden befreien und in kleine Würfel schneiden.

§ Oliven längs halbieren, entkernen und in dünne Streifen schneiden. Knoblauch schälen und durchpressen. Petersilie waschen, trocken schütteln und klein hacken.

§ Die Hälfte der Artischocken klein schneiden und beiseitelegen, die andere Hälfte in einen Mixer füllen. Tomate halbieren, vom Strunk befreien, grob zerkleinern und mit Lein- und Olivenöl, Senf, Sojasauce, Wasser, Salz, Pfeffer, Rosmarin, Knoblauch und Petersilie in den Mixer geben und alles zu einer Creme pürieren.

§ Mit den Stückchen von Gurke, Paprika, Oliven und Artischocken verrühren und abschmecken.

MINI-PIZZAS MIT AUBERGINE UND LINSEN

für ca. 20 Stück

Teig

- 1 Bio-Frischhefewürfel (42 g)
- 300 ml lauwarmes Wasser
- 250 g Weizen oder Dinkel, frisch gemahlen
- 200 g Kamut oder Dinkel, frisch gemahlen
- 2 EL natives Olivenöl
- 1 TL Steinsalz
- Majoran, gerebelt

Belag

- 40 g Beluga- oder Berglinsen
- Steinsalz
- 1 gelbe oder grüne Gemüsepaprika
- 1 Aubergine
- 250 g Cocktailtomaten
- 1 Zwiebel
- 1 Knoblauchzehe
- 3 EL natives Oliven- oder Sesamöl
- 350 ml passierte Tomaten
- schwarzer Pfeffer, frisch gemahlen
- Ingwerpulver, Majoran
- Basilikum, Rosmarin
- 30 g Mandelblättchen
- 1 Kästchen Kresse

§ Hefe mit dem lauwarmen Wasser verrühren. Mit Weizen- und Kamutmehl, Öl, Salz und Majoran zu einem geschmeidigen, glatten Teig verkneten. Zugedeckt an einem warmen, zugfreien Ort 30–45 Minuten gehen lassen.

§ Linsen waschen und in der doppelten Menge Wasser aufkochen, 18–20 Minuten zugedeckt auf kleiner Flamme köcheln lassen. Erst zum Ende der Garzeit salzen.

§ Paprika waschen, von Stiel, Kernen und Trennwänden befreien und in Stücke schneiden. Aubergine waschen, Stielansatz entfernen und in kleine Würfel schneiden. Cocktailtomaten waschen und in Scheiben schneiden, Strunk dabei entfernen.

§ Zwiebel schälen und fein würfeln, Knoblauch schälen und durchpressen, beides in einer Pfanne mit Öl anschwitzen. Paprika und Aubergine dazugeben und einige Minuten mitbraten. Passierte Tomaten dazugießen, mit Salz, Pfeffer, Ingwer, Majoran, Basilikum und Rosmarin würzen. Mindestens zehn Minuten köcheln lassen, dann etwas abkühlen lassen.

§ Den Backofen auf 200 °C (180 °C Heißluft) vorheizen.

§ Den Teig nochmals durchkneten, in vier Stücke aufteilen und diese nacheinander dünn ausrollen (ca. ½ cm dick). Mithilfe eines Schälchens oder ähnlichem runde Teigstücke ausstechen (9–10 cm Durchmesser). Auf ein gefettetes oder mit Backpapier versehenes Backblech legen und mit einer Gabel mehrmals einstechen.
§ Die Tomatensauce mit einem Esslöffel auf die Teigstücke streichen. Tomatenscheiben, Linsen und Mandelblättchen darauf verteilen. Die kleinen Pizzas 15–20 Minuten backen.
§ Die Kresse mit einer Schere vom Beet schneiden, waschen und trocken tupfen. Die Pizzas damit bestreuen.

§ TIPP §

§ Reste vom Hefeteig als Plätzchen ausstechen und diese bei 200 °C (Heißluft: 180 °C) sechs bis acht Minuten backen. Mit gewürztem Tomatenpüree (wie im Rezept oben) bestreichen und mit bissfest gegartem Gemüse belegen. Dieses bei Bedarf mit einem Fingerfoodspieß befestigen und mit Salz, Pfeffer und frischem Basilikum würzen. Geeignet sind Rosenkohl, Brokkoliröschen, Paprikastreifen oder Pilzscheiben. Fein gerieben passen auch rohe Möhren, Fenchel oder Blumenkohl.

APFELSCHIFFCHEN MIT HUMMUS (SEITE 4)

GEBACKENE AUBERGINEN

für ca. 20 Scheiben

- 1 Knoblauchzehe
- 20 ml natives Sesam- oder Olivenöl
- 30 g Mandelmus
- 1 EL Balsamico oder Zitronensaft
- 50 ml Wasser
- ½ TL Sojasauce „Tamari“
- Steinsalz
- schwarzer Pfeffer, frisch gemahlen
- frischer Thymian, klein gehackt
- frischer Rosmarin, klein gehackt
- 2 Auberginen
- etwa 2 EL Sesamsamen

§ Knoblauchzehe schälen, durchpressen und mit Sesamöl, Mandelmus, Balsamico, Wasser, Sojasauce, Salz, Pfeffer, Thymian und Rosmarin zu einer Marinade verrühren.

§ Auberginen waschen, von den Stielansätzen befreien und quer in runde Scheiben schneiden (etwa 1 cm dick). Jeweils auf beiden Seiten mit der Marinade bestreichen.

§ Auf ein gefettetes Backblech legen und etwa eine Stunde ziehen lassen.

§ Den Backofen auf 200 °C vorheizen.

§ Die Auberginenscheiben mit Sesam bestreuen und ca. 20 Minuten backen.

§ TIPPS §

§ Die gebackenen Auberginen schmecken warm und kalt.

§ Sie passen gut auf die Sandwichtaler (s.S. 66), dazu schmeckt der Oliven-Dip (s.S. 23).

AUBERGINENRÖLLCHEN MIT REIS UND AVOCADO

für ca. 16 Stück

- 125 g Vollkorn-Basmatireis
- 2 Auberginen
- 2 Zitronen, Saft
- Steinsalz
- Öl zum Bestreichen
- 2 Avocados
- 2 Knoblauchzehen
- schwarzer Pfeffer, frisch gemahlen
- 16 schwarze Oliven ohne Kern oder Cocktailtomaten

§ Basmatireis waschen und in der doppelten Menge Wasser bei geringer Hitze nach Packungsanleitung etwa 35 Minuten garen.

§ Den Backofen auf 200 °C vorheizen.

§ Die Auberginen waschen, von den Stielansätzen befreien und längs in dünne Scheiben schneiden (etwa ½ cm dick). Beidseitig mit dem Saft einer Zitrone beträufeln und leicht salzen. Danach mit Öl auf beiden Seiten bestreichen.

§ Auberginenscheiben auf ein Backblech legen und im vorgeheizten Backofen etwa 15 Minuten backen. Dann auf Küchenkrepp abtropfen lassen.

§ Die Avocados halbieren, Kerne entfernen und das Fruchtfleisch mithilfe eines Esslöffels herauslösen. Mit dem geschälten und durchgepressten Knoblauch, dem Saft der zweiten Zitrone, Salz und Pfeffer mit dem Pürierstab oder im Mixer cremig pürieren. Den gegarten Reis unterrühren.

§ Die Auberginenscheiben mit der Avocadocreme bestreichen und aufrollen.

§ Mit einem Zahnstocher oder Fingerfoodspieß fixieren, auf den jeweils eine Olive oder Cocktailtomate aufgespießt ist.

§ TIPPS §

§ Die Auberginenscheiben lassen sich auch gut über dem Grill garen; dabei vorher mit etwas Öl einstreichen.

§ Oder die Auberginen vor dem Garen mit einer Öl-Knoblauch-Kräuter-Marinade bestreichen (z.B. mit Olivenöl, durchgepresstem Knoblauch und Basilikum, Oregano oder Salbei). Dann den Knoblauch in der Avocadocreme weglassen.

FRUCHTIGE BOHNENSPIESSE

für 20 Fingerfoodspieße

- 40 große, weiße Bohnen, getrocknet (z.B. Gigantes)
- einige Stängel frisches Bohnenkraut
- 2 kleine Zwiebeln
- Kerbelpulver
- Kümmelpulver, nach Geschmack
- Kreuzkümmel (Kumin)
- 3 EL natives Olivenöl
- Steinsalz
- 1 Tomate
- 3 EL Orangensaft
- 1 EL Zitronensaft
- 6 feste Pfirsiche

§ Am Vortag die Bohnen über Nacht in einer ausreichenden Menge Wasser einweichen.

§ Bohnenkraut waschen, trocken schütteln und klein hacken. Die Bohnen 60–90 Minuten in frischem, kochendem Wasser mit einer geschälten, klein gehackten Zwiebel, etwas Bohnenkraut, Kerbel, Kümmel, Kreuzkümmel und 1 EL Öl garen (Garprobe machen). Die gekochten Bohnen salzen.

§ Die zweite Zwiebel schälen und klein hacken, Tomate waschen, klein schneiden und Strunk entfernen. 2 EL Öl in einer Pfanne erhitzen, erst die Zwiebel anschwitzen, dann Tomate, restliches Bohnenkraut, Kerbel und Salz zugeben und einige Minuten unter Rühren garen lassen.

§ Mit dem Saft von Orange und Zitrone ablöschen und die Marinade bei geöffnetem Deckel unter gelegentlichem Rühren etwas eindicken lassen. Mit Salz und Gewürzen abschmecken. Die Bohnen mit der Marinade vermischen und einige Minuten ziehen lassen.

§ Pfirsiche waschen. Mit einem scharfen Messer rundum dünne Streifen abschneiden (etwa 2–3 cm breit und 10 cm lang). Je zwei Bohnen mit einem Pfirsichstreifen ummanteln und einen Fingerfoodspieß durchstechen.

§ TIPPS §

§ Anstelle des Pfirsichs können Sie die Streifen für die Bohnen auch aus einer Nektarine, einer festen Mango oder Papaya schneiden.

§ Von weichen Pfirsichen oder Nektarinen verwenden Sie einfach nur die Schale mit etwas Fruchtfleisch daran.

§ Nach Geschmack noch etwas frisch gemahlenen, bunten Pfeffer darüberstreuen.

AUFSTRICH MIT BROKKOLI UND BLUMENKOHL

für ca. 400 g

- 2 EL Sonnenblumenkerne
- 200 g Blumenkohl
- 150 g Brokkoli
- Steinsalz
- schwarzer Pfeffer, frisch gemahlen
- Currypulver
- frische Basilikumblättchen, grob gehackt
- Ingwerpulver
- 2 EL natives Olivenöl
- 1 EL Balsamico
- ½ unbehandelte Bio-Zitrone, Schalenabrieb
- 1 EL Mandelmus
- 1 TL Gemüsebrühpulver

§ Sonnenblumenkerne mit Wasser bedecken und über Nacht einweichen. Abgießen und Einweichwasser wegschütten.

§ Blumenkohl und Brokkoli in Röschen teilen, waschen und putzen.

§ Alle Zutaten kurz in einem Mixer pürieren, sodass der Aufstrich noch feine Stückchen enthält.

§ TIPPS §

§ Der Aufstrich passt gut zum Pistazien-Fladenbrot (s.S. 63) und zu den Sandwichtalern (s.S. 66).

§ Die Sonnenblumenkerne können auch kürzer eingeweicht werden (45 Minuten). Je länger sie einweichen, desto cremiger wird das Ergebnis.

§ Weitere leckere Brotaufstriche finden Sie in unseren Büchern „Brotaufstriche – vegan und vollwertig“ und „Vegan & vollwertig genießen“, erschienen im Hädecke Verlag.

GEFÜLLTE CHAMPIGNONS

für ca. 26 Stück

- 75 g Sonnenblumenkerne
- 75 ml Wasser
- 350–500 g feste, braune Champignons (ca. 26 Stück)
- natives Kokosöl
- 1 kleine Zwiebel
- 1 Knoblauchzehe
- 70 g grüne Oliven
- 1 Tomate
- 2 EL natives Olivenöl
- 2 EL Balsamico
- 1 TL zuckerfreier Senf
- 1 EL Mandelmus
- 1 Spritzer Sojasauce „Tamari"
- ½ unbehandelte Bio-Zitrone, Saft und Schalenabrieb
- Kräutersalz
- schwarzer Pfeffer, frisch gemahlen
- Rosmarinnadeln, fein gehackt
- frische Basilikumblättchen

§ TIPPS §

§ Für ein Rohkostrezept die Champignonköpfe roh lassen und dann befüllen.

§ Die Stiele von den Champignons kleinhacken und z.B. als Belag für Mini-Pizzas (s.S. 8/9) oder zusätzlich für die Champignonschnecken (s.S. 17) verwenden.

§ Sonnenblumenkerne 45 Minuten in der angegebenen Menge Wasser einweichen.

§ Den Backofen auf 220 °C vorheizen.

§ Die Champignons mit einer weichen Bürste trocken abbürsten und die Stiele am Ansatz herausbrechen. In eine feuerfeste Auflaufform nebeneinander setzen und kleine Flöckchen von Kokosöl darauf setzen. Im Ofen ca. 15 Minuten backen.

§ Zwiebel schälen und fein würfeln, Knoblauch schälen und durchpressen. Oliven von den Kernen befreien und klein schneiden.

§ Die Tomate waschen, vierteln und vom Strunk befreien. Mit den Sonnenblumenkernen samt Einweichwasser, Olivenöl, Balsamico, Senf, Mandelmus, Sojasauce, Zitronenschale und -saft, Salz, Pfeffer und Rosmarin im Mixer pürieren.

§ Zwiebelwürfel, Knoblauch und Oliven dazugeben, verrühren und abschmecken.

§ Die Olivencreme mit einem Teelöffel in die Pilze füllen, auf einer Platte anrichten. Basilikum waschen, trocken schütteln und klein schneiden. Auf die gefüllten Champignons streuen.

CHAMPIGNONSCHNECKEN

für 18–20 Stück

- 1 Bio-Frischhefewürfel (42 g)
- 300–350 ml lauwarmes Wasser
- 300 g Dinkel, frisch gemahlen
- 100 g Kamut oder Weizen, frisch gemahlen
- 50 g Buchweizen, frisch gemahlen
- 2 EL natives Kokosöl (ca. 30 g)
- 1½ TL Steinsalz
- Majoran
- Thymian
- Ingwer, frisch gerieben

- 500 g Champignons
- 2 Stangen Staudensellerie
- 2 rote Gemüsepaprika
- 1 Zwiebel
- 2 EL natives Olivenöl
- Steinsalz
- schwarzer Pfeffer, frisch gemahlen
- 1 EL Mandelmus

§ Hefe im lauwarmen Wasser auflösen. Mit Dinkel-, Kamut- und Buchweizenmehl, Kokosöl, Salz und Gewürzen zu einem glatten Teig verkneten. Mit einem Tuch abdecken. Mindestens eine halbe Stunde an einem warmen, zugfreien Ort gehen lassen.

§ Champignons mit einer weichen Bürste trocken sauber bürsten, Stiele etwas einkürzen und die Pilze in Scheiben schneiden.

§ Staudensellerie waschen, putzen und in dünne Streifen schneiden. Paprika waschen, von Stiel, Kernen und Trennwänden befreien und in kleine Würfel schneiden.

§ Zwiebel schälen, fein würfeln. Olivenöl in einer Pfanne erhitzen und die Zwiebel anschwitzen. Champignons, Sellerie und Paprika dazugeben und zehn bis zwölf Minuten anbraten, dabei gelegentlich umrühren. Mit Salz und Pfeffer abschmecken. Das Mandelmus unterrühren und vom Herd nehmen.

§ Backofen auf 200 °C (oder 180 °C Heißluft) vorheizen.

§ Teig nochmals durchkneten und halbieren. Beide Teighälften auf einer bemehlten Unterlage zu jeweils einem Rechteck ausrollen (etwa ½ cm dick).

§ Jeweils ganzflächig mit der Champignonmasse bestreichen, dabei einen Rand frei lassen. Die Teigstücke von der langen Seite her aufrollen und mit einem scharfen Messer in Scheiben schneiden (1½–2 cm dick). Auf ein gefettetes Backblech legen und 15–20 Minuten backen.

GEFÜLLTER CHICORÉE

für 20–24 Stück

50 g Cashewkerne
ca. 6 Chicorée, weiß oder rot
je 50 g Knollen- und Staudensellerie (oder 100 g Staudensellerie, siehe Tipps)
2 Stängel Petersilie
1 TL Zitronensaft
1½ TL Rote-Bete-Saft
1 TL natives Olivenöl
1 TL natives Sonnenblumenöl
1½ EL Sojasauce „Tamari"
Steinsalz
1 TL edelsüßes Paprikapulver
1–2 rote Gemüsepaprika

§ TIPPS §

§ Pürierter Staudensellerie ergibt durch seine Fasern in Dips, Aufstrichen und Cremes eine Konsistenz mit Biss – ähnlich wie bei einer Thunfisch-Creme.

§ Schön sieht es aus, wenn man den gefüllten Chicorée kreisförmig auf einem Teller anrichtet. In der Kreismitte ist Platz für ein Schälchen mit der restlichen Creme zum Dippen.

§ Am Vortag die Cashewkerne mit Wasser bedecken und über Nacht einweichen. Das Wasser wegschütten und die Cashewkerne in einen Mixer füllen.

§ 20–24 Chicoréeblätter einzeln ablösen, dabei den Strunk immer wieder zurückschneiden. Die Blätter waschen und trocken schleudern. Knollensellerie schälen, putzen, waschen und klein würfeln. Staudensellerie putzen, waschen, entfädeln und klein schneiden. Petersilie waschen, trocken schütteln und fein hacken. Restlichen Chicorée ebenfalls fein hacken.

§ Sellerie, Petersilie, gehackten Chicorée, Zitronensaft, Rote-Bete-Saft, Oliven- und Sonnenblumenöl, Sojasauce, Salz und Paprikapulver zu den Cashewkernen in den Mixer geben und pürieren. Dabei Wasser zum Verdünnen nach und nach esslöffelweise hinzufügen und weiter pürieren, bis die Masse eine sämige Konsistenz aufweist. Abschmecken und jeweils einen gehäuften Esslöffel der Füllung auf ein Chicoréeblatt geben.

§ Paprika waschen, von Stiel, Kernen und Trennwänden befreien. In schmale, längliche Streifen schneiden, diese nochmals halbieren und auf der Füllung anrichten.

DIP-VARIATIONEN

§ Würzig-aromatische Dips sind die Krönung für Fingerfood – wir stellen Ihnen im Folgenden verschiedene Variationen vor. Die Basis bildet ein Grundrezept, das durch die Zugabe von Meerrettich, Avocado, Oliven oder Kräutern ganz vielfältig zubereitet werden kann. Sie können das Grundrezept auch leicht selbst nach Lust und Laune variieren. Die Dips schmecken zu rohem oder gekochtem Gemüse (siehe Tipp auf Seite 22) oder auch als Aufstrich für Sandwiches & Co: Das Buffet ist eröffnet!

GRUNDREZEPT FÜR DIPS

für ca. 280 g

- 50 g Cashewkerne
- 50 g Sonnenblumenkerne
- 150 ml Wasser
- 2 EL natives Olivenöl
- 1 EL Balsamico oder Zitronensaft
- 1 TL zuckerfreier Senf
- 1 TL Sojasauce „Tamari"
- 1 TL Tahin (ungeschälte Sesampaste ohne Salz)
- Stein- oder Kräutersalz
- weißer Pfeffer, frisch gemahlen
- 1 kleine Zwiebel
- 1 Knoblauchzehe

§ Cashew- und Sonnenblumenkerne in der angegebenen Menge Wasser etwa eine Stunde einweichen.

§ Die Kerne mitsamt dem Wasser, Olivenöl, Balsamico, Senf, Sojasauce, Tahin, Salz und Pfeffer mit dem Pürierstab oder im Mixer sehr fein pürieren.

§ Die Zwiebel schälen, in feine Würfel schneiden, mit dem geschälten, durchgepressten Knoblauch zu der Creme geben und unterrühren.

§ Der Dip ist gekühlt und in einem Schraubglas luftdicht verschlossen zwei bis drei Tage haltbar.

DIP-GEMÜSE (SEITE 22) MIT
AVOCADO- UND MEERRETTICH-DIP (SEITE 22 UND 23)

AVOCADO-DIP

- 2 reife Avocados
- ½ Zitrone, Saft
- 1 Knoblauchzehe
- Grundrezept für Dips (s.S. 20)

Abbildung Seite 21

§ Die Avocados halbieren, die Kerne entfernen und das Fruchtfleisch mithilfe eines Esslöffels herauslösen. Mit dem Zitronensaft und der geschälten, durchgepressten Knoblauchzehe unter den Dip mischen und kurz pürieren.

KRÄUTER-DIP

- Grundrezept für Dips (s.S. 20)
- ½ Bund Petersilie oder Dill
- 1 Handvoll Rucola oder Wildkräuter wie Rauke, Knoblauchsrauke, Bärlauch, Brunnenkresse oder Wiesenschaumkrautblüten (scharf)

Abbildung Seite 3

§ Kräuter oder Wildkräuter waschen, trocken schütteln und klein gehackt mit dem Dip vermischen.

§ TIPP §

Dip-Gemüse

§ Viele Gemüsearten eignen sich roh zum Dippen. Einfach waschen, putzen, nach Wahl in mundgerechte Stücke schneiden – und servieren! Als Rohkost eignen sich Möhren-, junge Zucchini-, Gurken-, Paprika- oder Rettichstifte ebenso wie Staudensellerie, Fenchel, Champignons, grüner Spargel, Frühlingszwiebeln oder Cocktailtomaten. Je nach Geschmack kurz blanchiert, bereichern Blumenkohl oder Brokkoli das Buffet. Auch klein gewürfelte Kürbisse wie Hokkaido oder Butternuss sind passend.

Abbildung Seite 21

MEERRETTICH-DIP

Grundrezept für Dips (s.S. 20)
ca. 8 cm frischer Meerrettich

Abbildung Seite 21

§ Den Dip nach dem Grundrezept ohne Zwiebel und Knoblauch zubereiten. Den Meerrettich waschen, schälen, fein reiben und unter die Creme mischen.

OLIVEN-DIP

50 g grüne oder schwarze Oliven
1 Chilischote, nach Geschmack
Rosmarin oder Bohnenkraut, fein gehackt
Grundrezept für Dips (s.S. 20)

Abbildung Seite 3

§ Die Oliven halbieren, von den Kernen befreien und in dünne Scheiben schneiden. Mit der gewaschenen, entkernten und fein geschnittenen Chili und dem Rosmarin zum Dip (Grundrezept) geben und vermischen.

§ TIPP §

§ Für ein überraschendes Geschmackserlebnis sorgt eine Prise getrockneter Lavendel, der gut zu Oliven und Rosmarin passt. Damit sein starkes Aroma nicht zu sehr dominiert, gilt bei Lavendel immer: vorsichtig dosieren!

TOMATEN-DIP

Grundrezept für Dips (s.S. 20)
3 Datteln, entsteint
3 EL Tomatenmark
Chiliflocken

§ Den Dip nach dem Grundrezept ohne Zwiebel und Knoblauch zubereiten.

§ Datteln eine halbe Stunde in wenig Wasser einweichen. Mit dem Einweichwasser (Menge nach Bedarf), Tomatenmark und Chili zusammen in einem Mixer oder mit dem Pürierstab pürieren. Unter den Dip rühren.

ORIENTALISCHE ERDBEEREN

für 20–24 Stück

- 500 g große, vollreife Erdbeeren
- 50 g Rohkost-Schokolade (Rezept s.S. 67)
- 1 TL natives Kokosöl
- frische Pfefferminzblättchen
- 30 g grüner, eingelegter Pfeffer
- Steinsalz

§ Von den Erdbeeren 20–24 der größten Früchte aussuchen. Falls nötig, in einem Sieb vorsichtig mit Wasser überbrausen und trocken tupfen. Strunk entfernen und die Spitze an der gegenüberliegenden, unteren Seite gerade abschneiden, sodass die Früchte später darauf stehen können.

§ Die Schokolade mit Kokosöl im Wasserbad bei sanfter Hitze (unter 42 °C) schmelzen. Die Erdbeeren etwa 1 cm tief eintunken und zum Trocknen auf den Kopf stellen.

§ Pfefferminze waschen und trocken tupfen, große Blätter grob zerkleinern. Die Erdbeeren im oberen, roten Bereich seitlich zweimal einschneiden und zwei kleine Pfefferminzblättchen in die Einschnitte stecken.

§ Grünen Pfeffer abgießen, abtropfen lassen und im Mörser grob zerstoßen oder klein schneiden. Jeweils eine Messerspitze oben auf die Mitte der Erdbeeren geben. Kurz vor dem Servieren sparsam salzen.

§ TIPP §

§ Die orientalischen Erdbeeren schmecken gleichzeitig süß, fruchtig, salzig und scharf. Diese Kombination empfinden wir gerade an heißen Sommertagen als besonders köstlich. Am besten leicht gekühlt servieren.

ERDNUSS-BANANEN-KUGELN

für 15–20 Stück

- 1 kleine Kartoffel (ca. 60 g)
- 200 g Erdnussmus „Crunchy" (siehe Tipps)
- 2 EL Madras-Curry (mild)
- Chilipulver
- Steinsalz
- 1 große Banane
- 100 g Sesamsaat

§ Kartoffel waschen, in 20 Minuten weich kochen, schälen und mithilfe einer Gabel oder eines Kartoffelstampfers zerdrücken.

§ Mit dem Erdnussmus, Madras-Curry, Chili und Salz zu einer festen Masse vermengen und kräftig-würzig abschmecken.

§ Die geschälte Banane in Würfel schneiden (ca. 1 cm Kantenlänge). Jeweils mit einem gehäuften Teelöffel der Erdnussmasse ummanteln und zwischen den Händen zu Kugeln rollen (Durchmesser ca. 3 cm). In Sesam wälzen.

§ TIPPS §

§ Im Unterschied zu Erdnussbutter oder -creme besteht Erdnussmus zu hundert Prozent aus gemahlenen Erdnüssen und ist damit vollwertig. Es wird teilweise auch schon in Rohkost-Qualität angeboten.

§ Das **Erdnussmus „Crunchy"** können Sie auch leicht selbst machen: 100 g Erdnüsse grob hacken und mit 100 g Erdnussmus vermengen.

§ Bananenwürfel vor der Verwendung kurz ins Eisfach stellen, aber nicht gefrieren. Das ergibt einen schönen Warm-Kalt-Kontrast.

BUNTE GEMÜSECHIPS MIT PIKANTER SALSA

für 4 Portionen

- 200 g Wurzelgemüse (Kartoffeln, Möhren, Rote Bete, Pastinaken, Süßkartoffeln, Petersilienwurzel, Knollensellerie)
- Fett zum Ausbacken (Soja-, Sonnenblumen- oder Kokosöl)
- Steinsalz
- edelsüßes Paprikapulver
- Chilipulver, nach Geschmack

BUNTE GEMÜSECHIPS

§ Das Wurzelgemüse waschen, putzen und schälen. Größere Gemüse wie Sellerie, Rote Bete oder Süßkartoffeln halbieren oder vierteln und alles mit einem Sparschäler quer oder längs in sehr dünne Scheiben schneiden (etwa 1–2 mm dick) oder einen Gemüsehobel verwenden.

§ Ausreichend Fett in einer Fritteuse erhitzen (ca. 160 °C). Auch ein breiter Topf eignet sich dazu; hier das Öl etwa 3 cm hoch einfüllen (Zubereitung im Backofen, siehe Tipp). Sobald sich kleine Bläschen um eine Testscheibe bilden, ist die Temperatur richtig.

§ Jede Gemüsesorte separat 15 Sekunden bis zwei Minuten (je nach Dicke der Chips) im Fett ausbacken, bis sich die Ränder zu wellen beginnen. Mit einem Schaumlöffel aus dem Fett holen und auf Küchenkrepp abtropfen lassen. Salzen und nach Geschmack mit Paprikapulver und Chili würzen.

PIKANTE SALSA

- 1 kleine Zwiebel
- 2 Knoblauchzehen
- ½–1 frische Chilischote, nach Geschmack
- 1 reife Fleischtomate
- 1 rote Gemüsepaprika
- 40 g Wassermelone
- ½ Avocado
- ½ unbehandelte Zitrone, Saft und Schale
- 1 TL zuckerfreier Senf
- Steinsalz
- schwarzer Pfeffer, frisch gemahlen
- Curry
- ½ TL Tahin (ungeschälte Sesampaste ohne Salz)
- 3 EL Olivenöl

§ Zwiebel und Knoblauchzehen schälen, Zwiebel in feine Würfel schneiden, Knoblauchzehen durchpressen. Chilischote waschen, trocken tupfen, Strunk und Kerne entfernen und die Chili sehr fein schneiden. Tomate waschen und in kleine Würfel schneiden, Strunk dabei entfernen. Paprika waschen, von Stiel, Kernen und Trennwänden befreien. Eine Paprikahälfte in feine Würfel, die andere in grobe Würfel schneiden.

§ Das Fruchtfleisch der entkernten Melone und der Avocado grob zerkleinern und in einen Mixer füllen. Die Schale der Zitrone abreiben und zusammen mit Zitronensaft, Knoblauch, Tomate, den groben Paprikawürfeln, Senf, Salz, Pfeffer, Curry, Chili, Tahin und Olivenöl dazugeben.

§ Zu einer Creme pürieren und mit der Zwiebel und den fein geschnittenen Paprikawürfeln vermischen. Eine halbe Stunde im Kühlschrank ziehen lassen und abschmecken.

§ TIPP §

§ Die Chips lassen sich auch gut im **Backofen** zubereiten. Dazu die Gemüsescheiben in einer Schüssel mit Öl, Salz und Gewürzen vermischen – die Rote Bete separat, weil sie sonst abfärbt. In einer Lage auf einen mit Backpapier versehenen Backofenrost legen und bei 200 °C (Umluft) je nach Dicke und gewünschter Konsistenz etwa 10–15 Minuten backen. Dabei gelegentlich die Backofentür kurz öffnen, damit die Feuchtigkeit entweichen kann.

GEMÜSE-„KROKETTEN“

für 20–24 Stück

- 1 Möhre
- ½ Zucchini
- 2 große Kartoffeln (etwa 200 g)
- ¼ Stange Lauch
- ½ Fenchelknolle
- ¼ Knollensellerie (etwa 80 g)
- 1 TL natives Olivenöl
- 1 TL natives Sonnenblumenöl
- Steinsalz

§ Möhre und Zucchini waschen und putzen, Kartoffeln waschen und schälen. Lauch putzen, längs halbieren, waschen und abtropfen lassen. Fenchel putzen, waschen und den Strunk keilförmig herausschneiden. Sellerie putzen, schälen und waschen. Alles klein schneiden.

§ Das Gemüse in einem Topf mit Wasser bedecken und 15 Minuten weich kochen. Abgießen und gut abtropfen lassen, die Gemüsebrühe auffangen und für ein anderes Rezept verwenden oder trinken.

§ Den Backofen auf 200 °C vorheizen.

§ Das Gemüse mit Oliven-, Sonnenblumenöl und Salz vermischen und mit einem Kartoffelstampfer zu einer gleichmäßig feinen Masse zerdrücken.

§ Mit einem Spritzbeutel portionsweise auf ein mit Backpapier belegtes Backblech geben. Die Gemüsehäufchen 15–20 Minuten backen, dann weitere fünf Minuten mit Oberhitze backen, bis sie goldbraun sind.

§ TIPPS §

§ Wer keinen Spritzbeutel hat, kann mithilfe von zwei Esslöffeln, die vorher in kaltes Wasser getaucht wurden, Nocken portionieren.

§ Dazu passt die Kräutercreme (s.S. 48), der Tomaten-Dip (s.S. 23) oder die Salsa (s.S. 29).

GEMÜSEPUFFER MIT KRESSESCHAUM

für ca. 40 Puffer mit 5–6 cm Durchmesser

- 700 g Kartoffeln
- 1 Petersilienwurzel
- 1 Möhre
- 1 kleine Zucchini
- 1 große Zwiebel
- 130 g Weizen oder Dinkel, frisch gemahlen
- 2 Knoblauchzehen
- Steinsalz
- schwarzer Pfeffer, frisch gemahlen
- Gemüsebrühpulver
- Muskatnuss, frisch gerieben
- Oregano oder Majoran
- frischer Zitronenthymian
- ½ Bund Petersilie
- Bratöl

Abbildung Seite 31

GEMÜSEPUFFER

§ Kartoffeln, Petersilienwurzel, Möhre und Zucchini mit der Gemüsebürste waschen und putzen. Kartoffeln, Petersilienwurzel und Zwiebel schälen. Zusammen mit Möhre und Zucchini grob reiben.

§ Weizenmehl untermischen, durchgepressten Knoblauch dazugeben und mit Salz, Pfeffer, Gemüsebrühpulver, Muskat, Oregano, Zitronenthymian und der gewaschenen, klein gehackten Petersilie würzen.

§ Den Teig teelöffelweise in eine Pfanne mit heißem Öl geben, glatt streichen und von beiden Seiten knusprig goldbraun ausbacken.

§ Auf Küchenkrepp abtropfen lassen und nach Wunsch im Backofen bei etwa 100 °C warm halten.

100 g Cashewkerne in Rohkost-qualität

120 ml Wasser

2 Kästchen Kresse

1 Knoblauchzehe

2 EL natives Olivenöl

2 EL Balsamico

1 TL zuckerfreier Senf

Steinsalz

weißer Pfeffer, frisch gemahlen

KRESSESCHAUM

§ Cashewkerne eine Stunde in der angegebenen Menge Wasser einweichen. Kresse mit einer Schere vom Beet schneiden, in einem Sieb waschen und gut abtropfen lassen.

§ Die Cashewkerne mit dem Einweichwasser, der klein gehackten Kresse, dem geschälten, durchgepressten Knoblauch, Öl, Balsamico, Senf, Salz und Pfeffer vermischen. Mit dem Pürierstab oder im Mixer pürieren. Abschmecken und in kleine Dip-Schalen füllen.

§ TIPP §

§ Anstelle der Kresse können Sie mit zwei Bund Petersilie oder Dill auch einen **Kräuterschaum** zubereiten. Würzig schmecken auch 2 Handvoll gemischte Wildkräuter (Brennnesselblätter, Sauerampfer, Löwenzahn und Knoblauchsrauke), für eine milde Variante verwenden Sie jungen Spinat oder mischen den Spinat mit den Wildkräutern.

KARTOFFELBÄLLCHEN MIT ERBSENCREME (SEITE 42/43)

GRÜNKERNBÄLLCHEN

für 12 Stück

- je ca. 20 g Lauch, Möhre und Knollensellerie
- einige Stängel frische Petersilie
- 1 Stängel Liebstöckel
- 250 ml Wasser
- 170 g Grünkern, frisch geschrotet
- Steinsalz
- Muskatblüte, gemahlen oder Muskatnuss, frisch gerieben
- 1 rote Gemüsepaprika
- 5 Kardamomkapseln
- ½ TL natives Kokosöl
- Sonnenblumenöl zum Ausbacken

Abbildung Seite 3

§ TIPPS §

§ Die Grünkernbällchen erhalten durch das Ausbacken eine feine Kruste und Röstaromen. Dabei ist eine Uhr mit Sekundenzeiger empfehlenswert: Werden die Bällchen länger als 40 Sekunden frittiert, schmecken sie schnell verbrannt. Am besten lauwarm genießen und nach Geschmack einen der Dips von Seite 20ff dazu servieren.

§ Gemüse waschen oder schälen, putzen, alles sehr klein schneiden oder fein raspeln. Petersilie und Liebstöckel waschen, trocken schütteln und getrennt voneinander klein hacken.

§ Das Wasser in einem Topf zum Kochen bringen. Grünkernschrot mit Suppengemüse, Liebstöckel und Salz in das Wasser rühren, 15–20 Minuten zugedeckt bei sanfter Hitze quellen lassen. Am Ende der Garzeit Muskat und Petersilie untermischen, die Masse abkühlen lassen.

§ Paprika waschen, von Stiel, Kernen und Trennwänden befreien und in etwa ½ cm große Würfel schneiden.

§ Die Samen aus den Kardamomkapseln lösen und mit dem Kokosöl im Mörser zu einer Paste zerstoßen. Jeweils 1 EL Grünkernmasse zwischen den Händen flach ausbreiten. In die Mitte von insgesamt acht dieser Grünkernportionen jeweils zwei bis drei Paprikastücke füllen und zu einer Kugel formen (Durchmesser etwa 4 cm). Aus dem restlichen Grünkern vier Bällchen formen und diese mittig mit Kardamompaste und den restlichen Parikawürfeln befüllen.

§ Ausreichend Fett in einer Fritteuse erhitzen (etwa 160 °C). Auch ein schmaler Topf eignet sich dazu; hier das Öl etwa 4 cm hoch einfüllen. Die Grünkernbällchen mithilfe eines Esslöffels in das Öl gleiten lassen und 30–40 Sekunden frittieren. Auf Küchenkrepp abtropfen lassen.

MAKI-SUSHI MIT GRÜNKERN

für 18 Stück

je 15 g Suppengemüse (Knollensellerie, Möhre, Lauch)
250 ml Wasser
170 g Grünkern, frisch geschrotet
Steinsalz
frische Petersilie und Liebstöckel
Muskatblüte (Macis), gemahlen
je 1 rote und grüne Gemüsepaprika
3 Blätter Nori-Algen
2 EL natives Leinöl
1 Bambusmatte für Sushi-Rollen

Abbildung Seite 36/37

§ TIPPS §

§ Pikante Erdnussfüllung: 60 g Erdnüsse grob zerkleinern und mit 60 g Erdnussmus, 60 g Kartoffel- oder Süßkartoffelbrei, Chilipulver nach Geschmack, 1 EL Madras-Curry und Salz vermischen. Füllung bei Bedarf mit etwas Öl geschmeidiger machen.

§ Alternativ die Maki-Sushi mit schmalen Avocadostreifen befüllen. Sojasauce als Dip dazureichen.

§ Statt Grünkern sehr weich gekochten braunen Naturreis verwenden: 150 g Vollkornreis, 700 ml Wasser, 2 EL Shoyu-Sojasauce und 1/4 TL Salz ca. 1 1/4 Std. kochen.

§ Sellerie schälen, mit dem restlichen Suppengemüse waschen und putzen, alles sehr klein schneiden oder fein raspeln.

§ Das Wasser zum Kochen bringen. Suppengemüse mit Grünkernschrot und Salz in das kochende Wasser einrühren und 15–20 Minuten bei sanfter Hitze zugedeckt quellen lassen, dann von der heißen Herdplatte ziehen.

§ Petersilie und Liebstöckel waschen, trocken schütteln und klein hacken. Mit dem Muskat unter die Grünkernmasse rühren. Den Topf mit einem Deckel verschließen und warm halten.

§ Die beiden Paprikas von Stiel, Kernen und Trennwänden befreien und längs in schmale Streifen schneiden.

§ Jeweils eine Nori-Alge mit der rauen Seite nach oben auf eine Bambusmatte legen. 4–5 EL Grünkernmasse auf dem Algenblatt verteilen, sodass an einer Längsseite etwa ein Drittel Rand frei bleibt. Den Rand mit etwas Wasser anfeuchten.

§ Die Paprikastreifen längs in die Mitte der Grünkernfüllung legen. Das Algenblatt mithilfe der Bambusmatte einrollen, den angefeuchteten Rand zuletzt gut andrücken. Jede Rolle mit einem scharfen Messer in sechs Sushi-Stücke schneiden und diese mit den Schnittflächen nach oben auf einen Teller legen. Die Schnittflächen mit wenig Leinöl bepinseln.

GURKENHÄPPCHEN MIT DILLCREME

für ca. 40 Stück

- 150 g Cashewkerne in Rohkostqualität
- 120 ml Wasser
- 1 Bund Dill
- ½ Zwiebel
- 1 Knoblauchzehe
- 1 Tomate
- 2 EL natives Olivenöl
- 2 EL Balsamico
- 1 EL Mandel- oder Cashewmus
- 1 TL Sojasauce „Tamari"
- Kräutersalz
- schwarzer Pfeffer, frisch gemahlen
- 2 große Salatgurken
- Dillstängel für die Garnitur

§ Cashewkerne in der angegebenen Menge Wasser eine Stunde einweichen. Dill waschen, trocken schütteln und fein schneiden.

§ Zwiebel schälen und fein würfeln, Knoblauch ebenfalls schälen und durchpressen. Tomate waschen, vom Strunk befreien und klein schneiden.

§ Die Cashewkerne ohne Einweichwasser, Dill, Zwiebel, Knoblauch, Tomate, Olivenöl, Balsamico, Mandelmus, Sojasauce, Salz und Pfeffer vermischen.

§ Die Gurken waschen, in Scheiben schneiden (etwa 2 cm dick) und mit einem Teelöffel die Mitte etwas aushöhlen. Das Gurkeninnere zur Cashewmischung geben.

§ Die Cashewmischung mit dem Pürierstab oder im Mixer zu einer cremigen Masse pürieren und abschmecken.

§ Jeweils etwas Dillcreme mithilfe eines Dessertlöffels in die Vertiefung der Gurkenstücke füllen. Die Gurkenhäppchen auf einem Teller anrichten und mit dem abgezupften Dillkraut garnieren.

KARTOFFELBÄLLCHEN MIT ERBSENCREME

für ca. 60 Fingerfoodspieße

- 500 g Kartoffeln
- 100 g Frühlingszwiebeln
- 1 Knoblauchzehe
- 2 EL natives Kokosöl
- 50 g Weizen oder Dinkel, frisch gemahlen
- 1 EL Kichererbsen, frisch gemahlen
- Steinsalz
- schwarzer Pfeffer, frisch gemahlen
- Muskatnuss, frisch gerieben
- frisches Basilikum
- Thymian oder Rosmarin
- Vollkornmehl und Sesam zum Panieren
- Kokosöl zum Ausbacken

Abbildung Seite 36/37

KARTOFFELBÄLLCHEN

§ Die Kartoffeln mit der Gemüsebürste waschen und 15–20 Minuten mit Schale in kochendem Wasser garen.

§ Frühlingszwiebeln waschen, putzen und in dünne Ringe schneiden. Knoblauchzehe schälen und durchpressen.

§ Das Öl in einer Pfanne erhitzen, Zwiebeln und Knoblauch dazugeben und vier bis fünf Minuten anschwitzen, gelegentlich umrühren.

§ Die gegarten Kartoffeln pellen und durch eine Kartoffelpresse drücken. Mit Weizen- und Kichererbsenmehl, Zwiebeln und Knoblauch zu einem Teig verkneten und mit Salz, Pfeffer, Muskat, Basilikum und Thymian abschmecken.

§ Mit angefeuchteten Händen kleine Bällchen formen und in einer Mischung aus Mehl und Sesam wälzen.

§ Die Kartoffelbällchen in einer Pfanne mit heißem Öl rundum goldbraun anbraten. Auf Küchenkrepp abkühlen lassen.

½ Zwiebel
2 EL natives Kokosöl
250 g Erbsen (frisch, ausgepalt und gewaschen oder TK)
5 EL Wasser
2 EL Mandelmus
1 TL Johannisbrotkernmehl
Steinsalz
schwarzer Pfeffer, frisch gemahlen
Chiliflocken
je 1 rote und gelbe Gemüsepaprika

§ TIPP §

§ Um die Paprikastücke mit einem appetitlich gezackten Rand zu versehen, kann man sie mit einem Buntschneidemesser klein schneiden. Gemüsescheiben von Möhren, Zucchini, Gurken oder Rote Bete erhalten damit dekorativ geriffelte Schnittflächen (z.B. für Gemüsechips, s.S. 28).

ERBSENCREME *für ca. 340 g*

§ Die Zwiebel schälen und in feine Würfel schneiden, in einem Topf mit heißem Kokosöl anschwitzen. Die Erbsen (frisch oder TK) und das Wasser dazugeben und acht Minuten zugedeckt weich garen.

§ Die Erbsen mitsamt dem Wasser, Mandelmus, Johannisbrotkernmehl, Salz, Pfeffer und Chili mit dem Pürierstab oder im Mixer zu einer feinen Creme pürieren. Je nach gewünschter Konsistenz noch 3–5 EL warmes Wasser dazugießen. Die Erbsencreme in einen Spritzbeutel füllen.

§ Die beiden Paprikaschoten waschen, halbieren, von Stiel, Kernen und weißen Trennwänden befreien und in Stücke schneiden (etwa 2×2 cm groß). Mit einem dünnen Fingerfoodspieß auf die Kartoffelbällchen stecken und jeweils einen Tupfer Erbsencreme darauf spritzen.

GRIECHISCHE OFENKARTOFFELN

für 20 Fingerfoodspieße

- 2 Tomaten
- ½ Bund frischer Thymian
- 4 EL natives Olivenöl
- Steinsalz
- 2 EL Zitronensaft
- 10 mittelgroße, festkochende Kartoffeln
- 10 größere Cocktailtomaten für die Garnitur

§ TIPPS §

§ Die Ofenkartoffeln schmecken warm und kalt.

§ Auch Süßkartoffeln sind geeignet, um sie halbiert und mariniert im Backofen zu garen. Wie Kartoffeln kann man sie mit oder ohne Schale essen. Je nach Größe verlängert sich die Backzeit um einige Minuten (Garprobe machen).

§ Tomaten waschen, klein schneiden und Strunk entfernen. Thymian waschen, trocken schütteln und die Blättchen mit einer Gabel von den Stängeln streifen. Einige Blättchen für die Garnitur beiseite stellen.

§ Für die Marinade 1 EL Öl in einer kleinen Pfanne erhitzen, Tomatenstücke kurz anbraten. Mit 2 EL Wasser ablöschen und etwa fünf Minuten bei sanfter Hitze zugedeckt schmoren lassen.

§ Den Backofen auf 200 °C vorheizen.

§ Die Tomatenstücke mithilfe eines Esslöffels durch ein Sieb passieren. Mit Thymian, Salz, Zitronensaft und 2 EL Olivenöl verrühren.

§ Die Kartoffeln waschen, nach Bedarf schälen und der Länge nach halbieren. In einer Schüssel mit der Marinade gründlich vermengen. Mit den Schnittflächen nach oben auf ein mit Backpapier versehenes Backblech legen und je nach Größe 35–45 Minuten backen. Zwischendurch immer wieder von der restlichen Marinade auf die Kartoffeln geben, bis sie aufgebraucht ist.

§ Cocktailtomaten waschen und halbieren. Jeweils eine Tomatenhälfte mit der Schnittfläche nach oben zuerst auf einen Fingerfoodspieß, dann auf die runde Seite eine Kartoffelhälfte stecken.

§ Die restlichen Thymianblättchen in 1 EL Öl unter Rühren kurz anbraten, die Tomatenhälften damit garnieren und etwas salzen.

KARTOFFELTALER MIT AVOCADOCREME

für 20–25 Stück

- 150 g Kartoffeln
- 150 g Knollensellerie
- 1½ TL Steinsalz
- 1 TL Kurkuma
- 100 g Tandoori-Gewürzmischung (siehe Tipps und Hinweise)
- 1–1½ TL Chiliflocken, nach Geschmack
- 1 EL natives Sonnenblumenöl
- Sonnenblumen-, Erdnuss- oder Kokosöl zum Ausbacken

- Avocado-Dip (s.S. 22)

§ Kartoffeln und Sellerie schälen, putzen, waschen und grob reiben und mit Salz vermengen. Durch ein Tuch pressen oder mit der Hand ausdrücken, um die Flüssigkeit herauszuquetschen.

§ Kurkuma, Tandoori-Gewürzmischung mit Chili und Sonnenblumenöl vermischen und unter die Kartoffelmasse mengen. Durch vorsichtige Zugabe von Wasser die Konsistenz der Masse formbar machen. Mit Salz abschmecken.

§ Die Masse portionsweise mit angefeuchteten Händen zu kleinen, etwa fingerdicken Talern formen und in einer Pfanne mit Öl kross und goldbraun ausbacken. Auf Küchenkrepp abtropfen lassen.

§ Die Taler mit einem Häubchen Avocadocreme garnieren, dazu eventuell einen Spritzbeutel benutzen.

§ TIPPS UND HINWEISE §

§ Alternativ die Taler zuerst formen, in der Gewürzmischung wälzen und dann braten.

§ In einer Tandoori-Gewürzmischung (auch „Tandoori Masala") sind meist Koriander, Chili, Kreuzkümmel, Knoblauch, Ingwer, Cayennepfeffer und Tamarindenschale enthalten. Das Gewürz ist in asiatischen und indischen Einkaufsmärkten erhältlich.

KRÄUTERCREME

für 330 g

250 g Cashewkerne in Rohkostqualität

80 ml Sauerkrautsaft (siehe Tipps und Hinweise)

½ Bund Dill

½ Bund Petersilie

½ Bund Schnittlauch

1 Zitrone, Saft

2 Knoblauchzehen

Stein- oder Kräutersalz

schwarzer Pfeffer, frisch gemahlen

Abbildung Seite 68/69

§ Am Vortag die Cashewkerne mit Wasser bedecken und über Nacht einweichen lassen. Das Wasser wegschütten und die Cashewkerne mit dem Sauerkrautsaft im Mixer oder mit dem Pürierstab cremig pürieren.

§ Dill, Petersilie und Schnittlauch waschen, trocken schütteln und fein hacken. Mit dem Zitronensaft und den geschälten, durchgepressten Knoblauchzehen zu der Creme geben und alles gut verrühren, mit Salz und Pfeffer abschmecken.

§ Im Kühlschrank aufbewahren und innerhalb von zwei bis drei Tagen verbrauchen.

§ TIPPS UND HINWEISE §

§ Die Kräutercreme passt gut zu Rohkoststicks (Dip-Gemüse, s.S. 22) und zu Grünkernbällchen (s.S. 38). Sie schmeckt auch aufs Brot, z.B. auf Sandwichtaler (s.S. 66).

§ Nach Geschmack vier klein geschnittene Cocktailtomaten unter die Creme mischen. Kleine Paprika-, Möhren- oder Gurkenstücke passen ebenfalls gut dazu.

§ Sauerkrautsaft wird aus rohem Sauerkraut gepresst. Er enthält viel Vitamin C, K und B-Vitamine, Mineralstoffe, Ballaststoffe und Milchsäure. Der Saft ist in Reformhäusern und Bioläden erhältlich.

RATATOUILLE-SPIESSE

für 20 Fingerfoodspieße

- je 1 Gemüsepaprika in Rot, Gelb und Orange
- 1–2 Zucchini
- 1 milde Gemüsezwiebel oder Schalotte
- 1 Stück Hokkaidokürbis
- 1–2 Möhren
- 3–5 junge Löwenzahnblätter
- 3–5 Rucolablätter
- 1 EL Sojasauce „Tamari"
- 1 TL natives Olivenöl
- 1 TL natives Leinöl
- ½ TL Zitronensaft
- Steinsalz
- schwarzer Pfeffer, frisch gemahlen

Abbildung Seite 54/55

§ Die Paprikaschoten waschen und von Strunk, Kernen und Trennwänden befreien. Zucchini waschen und putzen. Zwiebel schälen, mit Paprika und Zucchini in Stücke schneiden (etwa 2 cm groß).

§ Kürbis und Möhren waschen, putzen und in hauchdünne Scheiben schneiden.

§ Das Gemüse abwechselnd auf Fingerfoodspieße stecken.

§ Löwenzahn und Rucola waschen, trocken schütteln und sehr fein hacken.

§ Mit Sojasauce, Oliven-, Leinöl, Zitronensaft und Salz zu einer Marinade vermengen. Die Gemüsespieße mit der Marinade bestreichen. Die Spieße in einer abgedeckten Schüssel etwa zwei Stunden im Kühlschrank ziehen lassen. Vor dem Servieren auf Küchenkrepp abtropfen lassen und mit etwas Pfeffer übermahlen.

§ TIPPS §

§ Die marinierten Spieße können bei mittlerer bis starker Hitze unter häufigem Wenden auch gut in der Pfanne gebraten werden. Auf dem Grill die Gemüsespieße etwa 10–15 Minuten garen, dabei öfter wenden.

§ Fürs Grillen eignen sich Metallspieße am besten; Holzspieße zuvor wässern.

LAUCH-TOMATEN-RAUTEN

für etwa 20 Stück

Teig

- ½ Bio-Frischhefewürfel (21 g)
- 200 ml lauwarmes Wasser
- 300 g Weizen, frisch gemahlen
- 50 g Hafer, Dinkel oder Einkorn, frisch gemahlen
- 1–2 EL natives Olivenöl
- 1 TL Steinsalz
- Muskatnuss, frisch gerieben
- Schabzigerklee, Kümmel- oder Kreuzkümmelpulver, nach Geschmack

Belag

- 1½–2 Stangen Lauch
- 1 Zwiebel
- 2 Knoblauchzehen
- 25 g natives Kokosöl
- 500 ml passierte Tomaten
- 1–2 EL Gemüsebrühpulver
- Kräutersalz
- schwarzer Pfeffer, frisch gemahlen
- Currypulver, nach Geschmack
- ½ Bund frisches Basilikum
- 1 EL Mandelmus

§ Hefe im lauwarmen Wasser auflösen und mit Weizen- und Hafermehl, Öl, Salz und Muskatnuss sowie Gewürze zu einem glatten Teig verkneten. An einem warmen, zugfreien Ort zugedeckt mindestens 30 Minuten gehen lassen.

§ Lauchstangen putzen, längs halbieren, waschen, abtropfen lassen und in schmale Ringe schneiden. Zwiebel schälen und fein würfeln, Knoblauch schälen und durchpressen, beides in einer Pfanne mit heißem Kokosöl leicht anrösten. Lauchringe dazugeben und kurz mitbraten.

§ Passierte Tomaten, Gemüsebrühpulver, Kräutersalz, Pfeffer, Curry und klein geschnittenes Basilikum hinzufügen. Etwa fünf bis sieben Minuten köcheln, Mandelmus unterrühren und abschmecken.

§ Den Backofen auf 200 °C (oder 180 °C Heißluft) vorheizen.

§ Ein tiefes Backblech fetten oder mit Backpapier auslegen. Den Teig ausrollen (ca. ½ cm hoch) und auf das Blech legen, mit einer Gabel mehrfach einstechen. Das Lauch-Tomatengemüse gleichmäßig auf dem Teig verstreichen. Auf der mittleren Schiene 20–25 Minuten backen. In Rauten schneiden.

§ TIPP §

§ Dazu passen die gefüllten Champignons (s.S. 15) und Gurkenhäppchen mit Dillcreme (s.S. 40).

LINSENKÜCHLEIN MIT KOKOSCREME

für ca. 70 Stück

- 35 g Ananas, getrocknet oder frisch
- 200 g Beluga- oder Berglinsen
- 350 g Kartoffeln
- ½ Stange Lauch (75 g)
- ½ rote Gemüsepaprika
- 1 Stück Ingwer (etwa 2 cm)
- 2 EL natives Kokosöl
- 50 g Hafer, Dinkel, Weizen oder Kamut, frisch gemahlen
- 1 EL Kichererbsen, frisch gemahlen
- Steinsalz
- schwarzer Pfeffer, frisch gemahlen
- Gemüsebrühpulver
- Majoran
- Currypulver
- Vollkornmehl zum Panieren
- Kokosöl zum Ausbacken
- 200 ml Kokosmilch
- 2 TL Johannisbrotkernmehl
- kleine Stücke frische Ananas, Papaya, Mango und Sonnenblumenkerne als Garnitur

Abbildung Seite 54/55

§ Getrocknete Ananas in 35 ml Wasser ca. eine Stunde einweichen. Frische oder getrocknete Ananas in kleine Würfel schneiden.

§ Linsen waschen und in der doppelten Menge Wasser (400 ml) aufkochen, ca. 20 Minuten zugedeckt auf kleiner Flamme köcheln lassen. Erst zum Ende der Garzeit salzen. Kartoffeln waschen und in kochendem Wasser 15–20 Minuten garen.

§ Lauch putzen, der Länge nach halbieren, waschen, abtropfen lassen und in feine Ringe schneiden. Paprika waschen, von Stiel, Kernen und weißen Trennwänden befreien und klein würfeln. Ingwer schälen und fein raspeln.

§ Das Kokosöl in einer Pfanne erhitzen. Lauch, Paprika und Ingwer bei geringer Hitze zehn Minuten weich garen, dabei öfter umrühren. Die gegarten Kartoffeln pellen und durch eine Kartoffelpresse drücken.

§ Hafer- und Kichererbsenmehl mit der Hälfte der Linsen und dem gegarten Gemüse zur Kartoffelmasse geben und gut vermengen. Mit Salz, Pfeffer, Gemüsebrühpulver, Majoran und Curry abschmecken. Walnussgroße Klößchen formen, zu Küchlein flach drücken und in Vollkornmehl wälzen. In einer Pfanne mit Kokosöl bei mittlerer Hitze goldgelb ausbacken. Auf Küchenkrepp abkühlen lassen.

§ Die Kokosmilch erhitzen und mit den restlichen Linsen, Ananaswürfeln und Johannisbrotkernmehl mit dem Pürierstab oder im Mixer zu einer feinen Creme pürieren. In einen Spritzbeutel füllen, die Küchlein auf eine Servierplatte legen und jeweils einen Tupfer Creme darauf spritzen. Mit einem Stück Obst und Sonnenblumenkernen garnieren.

§ TIPP §

§ Eine orientalische Note bekommen die Linsenküchlein, wenn sie statt mit Majoran und Currypulver mit Minze und Ras el Hanout (marokkanische Gewürzmischung) zubereitet werden. Die Ananas dann einfach weglassen. Die Kokoscreme wird durch eine Orangencreme ersetzt (statt Kokosmilch frisch gepressten Orangensaft verwenden) und mit Kreuzkümmel- und Zimtpulver, Salz und schwarzem Pfeffer gewürzt. Als Garnitur passt glattblättrige Petersilie.

RATATOUILLE-SPIESSE (SEITE 49)

MEERRETTICH-KARTOFFELN

für 20–25 Stück

- 20–25 kleine, festkochende Kartoffeln
- ½ Stange Lauch
- 1 Tomate
- 3 EL natives Olivenöl
- 1 Knoblauchzehe
- 2 EL frischer Majoran oder Oregano, fein gehackt
- 1 Stück Meerrettich (ca. 10 cm lang)
- 200 ml Wasser
- 1 EL Mandelmus
- Steinsalz
- Pfeffer, frisch gemahlen

§ Kartoffeln mit der Gemüsebürste waschen und 15–20 Minuten in Wasser kochen, etwas abkühlen lassen und nach Geschmack schälen. Das obere Drittel jeweils als Deckel abschneiden. Die Ober- und Unterteile mit einem Teelöffel oder einem Kugelausstecher aushöhlen, dabei jeweils einen etwa ½ cm breiten Rand stehen lassen. Die Unterteile in Muffinsformen legen.

§ Das ausgelöste Kartoffelinnere durch eine Kartoffelpresse drücken.

§ Lauch putzen, der Länge nach halbieren, waschen, abtropfen lassen und in dünne Ringe schneiden. Tomate waschen, vom Strunk befreien und in kleine Würfel schneiden. Das Öl in einer Pfanne erhitzen. Lauch, Tomatenwürfel und den geschälten, durchgepressten Knoblauch darin anschwitzen und etwa zehn Minuten bei schwacher Hitze zugedeckt garen, frischen Majoran unterrühren.

§ Meerrettich waschen, schälen und fein reiben. Mit dem Wasser, Mandelmus, Lauchgemüse, Salz und Pfeffer zu der Kartoffelmasse geben, gut vermischen und abschmecken. Die Kartoffelmasse in die ausgehöhlten Kartoffeln füllen, Deckel jeweils aufsetzen.

§ TIPPS §

§ Die Tomate kann auch roh zur Kartoffelmasse gegeben werden.

§ Anstelle von Majoran passen auch klein gehackte Rosmarinnadeln, Lauchzwiebeln, Schnittlauch oder Muskatnuss.

MÖHREN-KÜRBIS-STICKS

für 20 Fingerfoodspieße

- 1 kleiner Hokkaidokürbis
- 2 große Möhren
- Bratöl
- Steinsalz
- 1 TL natives Olivenöl
- 2 TL natives Kürbiskernöl
- 1 TL Sojasauce „Tamari"
- ½ Orange, Saft
- Chili- oder Zimtpulver, nach Geschmack
- 1 Stück Ingwer (ca. 2 cm)

Abbildung Seite 68/69

§ Den Hokkaido halbieren und mit einem scharfen Messer schälen. Kerne mit einem Esslöffel herauskratzen und den Kürbis in mundgerechte Würfel schneiden (ca. 2 cm groß). Möhren waschen, putzen und ebenso klein würfeln.

§ Kürbis- und Möhrenwürfel in einer Pfanne mit weing Öl anbraten, etwas Salz hinzufügen und unter gelegentlichem Rühren bissfest garen. Abgießen und auf Küchenkrepp abtropfen lassen. Je drei Würfel auf einen Fingerfoodspieß stecken.

§ Aus Oliven-, Kürbiskernöl, Sojasauce, Orangensaft, Salz, Chili und dem geschälten, geriebenen Ingwer ein Dressing anrühren und die Sticks dünn damit bestreichen.

KUGEL- UND WÜRFELSPIESSE

für ca. 50 Spieße

- Honig-, Netz- oder Wassermelone, Cantaloupe- oder Zuckermelone
- Trauben oder Physalis (Andenbeeren)
- kleine, reife Erdbeeren
- frische Minze oder Zitronenmelisse
- 1–2 Zitronen, Saft

§ Melone halbieren und die Kerne mit einem Löffel auskratzen. Mit einem Kugelausstecher gleichmäßige Bällchen formen.

§ Trauben oder Physalis, Erdbeeren und Minze waschen (von den Physalis vorher die dünnen Hüllblätter entfernen). Minzblätter abzupfen, bei Bedarf halbieren und abwechselnd mit Melonenkugeln, Erdbeeren und Trauben oder Physalis aufspießen. Mit Zitronensaft beträufeln.

§ TIPPS §

§ Bei heißen Temperaturen schmecken die Spieße auch leicht angefroren und sind eine tolle Alternative zum üblichen Eis am Stiel.

§ Aus dem übrigen Obst einen Obstsalat machen.

§ Mit veganem „Joghurt"-Dip (s.S. 20) servieren oder mit flüssiger Rohkost-Schokolade (s.S. 67) beträufeln.

- 1 große Salatgurke
- 1 große Karotte, z.B. violette Sorte
- 1 Schale Cocktailtomaten
- frisches, großblättriges Basilikum
- 1–2 Lauchzwiebeln, nach Geschmack
- Stein- oder Kräutersalz

§ TIPPS §

§ Zu den pikanten Spießen passen auch gut Melonenkugeln.

§ Wenn's mal schnell gehen muss: einfach nur Gurke und Karotte verwenden und die Karotte mit einem Messer möglichst dünn schneiden.

§ Salatgurke und Karotte nach Bedarf schälen oder nur waschen. Cocktailtomaten, Basilikum und Lauchzwiebeln waschen. Blätter vom Basilikum abzupfen.

§ Gurke der Länge nach halbieren und die Kerne mit einem Löffel auskratzen. Karotte diagonal in dünne Scheiben hobeln. Gurke in fingerdicke Stücke schneiden, Lauchzwiebeln in kleine Stücke schneiden.

§ Gurke, Karotte, Lauchzwiebeln, Tomaten und Basilikumblätter abwechselnd aufspießen, salzen und sofort servieren.

PALMKOHL-PÄCKCHEN

für ca. 20 Stück

650 g Palmkohl (20 Blätter, siehe Hinweis)
1 Zwiebel
2 Knoblauchzehen
250 g Steckrübe
1 Kartoffel
1 Möhre
1 EL Zitronensaft
3 EL natives Olivenöl
200 ml Wasser
Kräutersalz
schwarzer Pfeffer, frisch gemahlen
Majoran
Muskatnuss, frisch gerieben
Basilikum
Gemüsebrühpulver
1 TL zuckerfreier Senf
30 g Kürbiskerne
1 Stange Lauch

§ HINWEIS §

§ Der milde Palmkohl wird auch Schwarzkohl oder Toskanischer Kohl genannt. Er gilt als Ursprungsart vieler heute üblicher Kohlarten und sieht ähnlich aus wie Grünkohl. Traditionell wird er gerne in Suppen und Eintöpfen gegessen. Fein geschnitten wird er für Salate und andere Rohkost verwendet.

§ Von den Palmkohlblättern jeweils den Strunk herausschneiden. Blätter 15–20 Minuten in kochendem Salzwasser garen, in ein Sieb geben und abtropfen lassen. Zwiebel schälen und fein würfeln, Knoblauch schälen und durchpressen.

§ Steckrübe und Kartoffel waschen und schälen, Möhre mit der Gemüsebürste waschen. Steckrübe, Kartoffel und Möhre grob raspeln und mit dem Zitronensaft vermischen.

§ Olivenöl in einem Topf erhitzen. Zwiebel und Knoblauch hell anschwitzen. Das geraspelte Gemüse zusammen mit Wasser, Salz, Pfeffer, Majoran, Muskat, Basilikum und Gemüsebrühpulver dazugeben. Zugedeckt bei milder Hitze 20 Minuten garen. Senf und Kürbiskerne untermischen, abschmecken.

§ Aus dem Lauch 40 dünne Lauchbändchen herstellen, siehe Rezept „Rosenkohl-Säckchen" (Seite 64). Je ein Kohlblatt halbieren und so versetzt nebeneinander legen, dass die Strunklücke ausgefüllt wird. Mit der Steckrübenmasse füllen und die Kohlblätter seitlich je einmal einschlagen. Dann die Längsseite mehrfach übereinander schlagen. Das kleine Paket mit je zwei Lauchbändchen von beiden Seiten verpacken und mit einem Knoten versehen.

MINI-PAPRIKA MIT AVOCADOCREME

für 18–20 Stück

- 18–20 Mini-Gemüsepaprika
- 1 reife Avocado
- ½ Zitrone, Saft
- 1 EL natives Sonnenblumenöl
- Kräutersalz
- schwarzer Pfeffer, frisch gemahlen
- Chiliflocken
- Currypulver
- frisches Basilikum, klein geschnitten
- je 4 EL Sprossen von Sonnenblumenkernen und Linsen (Alternativen, siehe Tipp)

Abbildung, siehe Titelbild

§ Die Mini-Paprika waschen und oben jeweils einen Deckel mitsamt Stiel abschneiden. Die Deckel von den Stielen befreien und in kleine Würfel schneiden. Paprikaschoten innen auswaschen, Kerne dabei entfernen. Die Paprika mit den Schnittseiten nach unten zum Trocknen auf Küchenpapier stellen.

§ Die Avocado halbieren, den Kern entfernen und das Fruchtfleisch mithilfe eines Esslöffels herauslösen. Mit Zitronensaft, Öl, Salz, Pfeffer, Chili, Curry und Basilikum cremig pürieren.

§ Die in einem Sieb unter fließendem Wasser gewaschenen Sprossen trocken tupfen und mit den Paprikawürfeln unter die Avocadocreme heben. Die Mini-Paprika mithilfe eines Teelöffels mit der Avocadocreme befüllen.

§ TIPPS UND HINWEISE §

§ Sprossen stecken voller Vitalstoffe und keimen innerhalb weniger Tage. Am einfachsten ist es, die Samen nach dem Einweichen in ein Schraubglas zu geben. Legen Sie ein dünnes Geschirrtuch darüber und fixieren Sie dieses mit einem Gummiband. Die Sprossen ein- bis zweimal täglich mit frischem Wasser durchspülen und dieses sorgfältig wieder abgießen.

§ Zu den gefüllten Mini-Paprika passen auch die mild-nussigen Sprossen von Kichererbsen und Mungobohnen oder auch pikante Radieschen- oder Rettichsprossen. Weitere Informationen zum Thema finden Sie in „Keime & Sprossen – Köstliche Kraftpakete aus der Küche" von Valérie Cupillard, erschienen bei Hädecke (s.S. 87).

§ Die Avocadocreme schmeckt auch gut als Füllung für kleine Tomaten und als Dip für Kartoffeln oder rohköstliche Gemüsesticks.

PISTAZIEN-FLADENBROT

für ca. 20 Stück

- ½ Bio-Frischhefewürfel (21 g)
- 250 ml lauwarmes Wasser
- 300 g Dinkel, frisch gemahlen
- 50 g Kamut oder Weizen, frisch gemahlen
- 1 TL Steinsalz
- Chiliflocken
- 50 g Kürbiskerne
- 2 EL Sonnenblumenkerne
- 50 g Pistazien natur, gehackt

- Brotaufstriche nach Geschmack (s.S. 4, 5, 14, 19, 40, 43, 48, 52 und 62)
- getrocknete Tomaten, in Öl eingelegt

§ Hefe im lauwarmen Wasser auflösen, mit Dinkel- und Kamutmehl, Salz, Chili, Kürbis- und Sonnenblumenkernen zu einem glatten Teig verkneten (siehe Tipp). Mit einem Tuch abdecken und mindestens eine halbe Stunde an einem warmen, zugfreien Ort gehen lassen.

§ Den Backofen auf 200 °C vorheizen (oder 180 °C Umluft).

§ Den Teig nochmals durchkneten und in eine runde Springform (24 cm Durchmesser) geben, mit flachen Händen gleichmäßig auslegen.

§ Die Pistazien darauf verteilen und mit den Fingern in den Teig drücken. Das Fladenbrot 20 Minuten auf der mittleren Schiene backen.

§ Etwa 20 Stücke in Kuchenform aus dem Fladenbrot schneiden und mit Brotaufstrichen nach Geschmack versehen oder eingelegten, abgetropften Tomaten belegen.

§ TIPPS §

§ Wenn Sie den Teig in einer Maschine zubereiten, die Kürbis- und Sonnenblumenkerne zuletzt mit den Händen untermengen.

§ Das Fladenbrot schmeckt auch gut mit Kapern anstelle von Pistazien; Menge und Zubereitung bleiben dabei gleich.

ROSENKOHL-SÄCKCHEN

für 20–25 Stück

- 20–25 Rosenkohlröschen
- 150 g Weizen oder Dinkel, frisch gemahlen
- 50 g Kamut oder Dinkel, frisch gemahlen
- 2 EL Kichererbsen, frisch gemahlen
- 2 TL Weinstein-Backpulver
- 75 g natives Kokosöl
- 8–10 EL kaltes Wasser
- Steinsalz
- schwarzer Pfeffer, frisch gemahlen
- Muskatnuss, frisch gerieben
- 1 Stange Lauch

§ Rosenkohl waschen und von den welken Blättern befreien. Stielansätze etwas einkürzen und kreuzweise einschneiden. In kochendem Salzwasser etwa zehn Minuten bissfest garen. Weizen-, Kamut- und Kichererbsenmehl mit Backpulver, Kokosöl, Wasser, Salz, Pfeffer und Muskatnuss vermischen und zu einem glatten Teig verkneten.

§ Lauchbändchen herstellen (siehe Tipp) und den Backofen auf 200 °C (oder 180 °C Heißluft) vorheizen.

§ Den Teig auf einer bemehlten Arbeitsfläche dünn ausrollen (etwa 3 mm hoch) und mithilfe eines Glases Kreise ausstechen (10–12 cm Durchmesser). In die Mitte jeweils einen Rosenkohl legen. Mit dem Teig ein Säckchen um das Röschen herum formen und mit jeweils einem Lauchbändchen zubinden.

§ Die fertigen Rosenkohl-Säckchen auf ein gefettetes oder mit Backpapier belegtes Backblech setzen und etwa 15 Minuten backen.

§ TIPP §

Lauchbändchen als essbare Verpackung für Fingerfood

§ Lauch längs halbieren, waschen und längs in sehr dünne Streifen schneiden. Kurz in kochendes Wasser tauchen und sofort in eiskaltem Wasser abschrecken. Lauchbändchen in einem Sieb abtropfen lassen. Funktioniert genauso mit Schnittlauch, der am Stück gelassen wird!

RUNDE SANDWICHTALER

für 3 Laibe à ca. 300 g

- 1 Bio-Frischhefewürfel (42 g)
- 350 ml lauwarmes Wasser
- 250 g Weizen, frisch gemahlen
- 250 g Kamut oder Dinkel, frisch gemahlen
- 30 g natives Kokosöl
- 2 TL Steinsalz
- Kardamompulver
- Korianderpulver
- 30 g Pistazien
- 30 g Haselnüsse
- 30 g Walnüsse/Baumnüsse

Abbildung Seite 68/69

§ Hefe im warmen Wasser auflösen und mit Weizen- und Kamutmehl, Kokosöl, Salz, Kardamom und Koriander zu einem glatten Teig verkneten. Mit einem Tuch abdecken und mindestens eine halbe Stunde an einem warmen, zugfreien Ort gehen lassen.

§ Den Backofen auf 200 °C (oder 180 °C Heißluft) vorheizen.

§ Pistazien, Haselnüsse und Walnüsse getrennt voneinander nach Wahl grob oder feiner hacken.

§ Den Teig nochmals durchkneten und in drei gleiche Stücke aufteilen. Jeweils ein Stück mit Pistazien, Haselnüssen oder Walnüssen verkneten und insgesamt drei runde Stangen rollen (etwa 6 cm dick).

§ Jede Teigstange in ein Stück Backpapier einrollen, die beiden Enden jeweils mit einem Baumwollfaden zubinden – so bleibt der Teig in Form und läuft nicht breit. Auf einem Backofenrost etwa 20 Minuten backen. Abkühlen lassen und in dünne Scheiben schneiden.

§ TIPPS §

§ Auf die Sandwichtaler passen die Kräutercreme (s.S. 48), der Aufstrich mit Blumenkohl und Brokkoli (s.S. 14) und der Artischocken-Aufstrich (s.S. 5). Darauf noch rohes oder gekochtes, fein gewürztes Gemüse geben und mit einem weiteren Sandwichtaler abdecken.

ROHKOST-SCHOKOLADE

für ca. 340 g

- 160 g frische oder getrocknete Datteln, entsteint
- 75 g Kakaobutter
- 75 g natives Kokosöl
- 80 g weißes oder braunes Mandelmus (möglichst in Rohkostqualität, siehe Tipp)
- 3 EL Kakao- oder Carobpulver, auch gemischt
- 1 Msp Vanillepulver

§ Datteln mit Wasser bedecken und ein bis zwei Stunden einweichen. Durch ein Sieb abgießen, bei Verwendung getrockneter Datteln 5 EL Einweichwasser auffangen. Die Kakaobutter und das Kokosöl in einem kleinen Topf bei sehr niedriger Temperatur (unter 42 °C) langsam schmelzen lassen. Die Datteln dazugeben, bei getrockneten Datteln vom zurückbehaltenen Einweichwasser 3 EL dazugießen. Mandelmus, Kakaopulver und Vanillepulver hinzufügen und mit dem Pürierstab oder im Mixer pürieren. Bei Bedarf noch mehr Einweichwasser verwenden.

§ Die Masse in einen viereckigen Behälter füllen, glatt streichen und einige Stunden in den Kühlschrank stellen, bis sie fest geworden ist. Dann stückchenweise herauslösen.

§ TIPPS §

§ Anstelle von Mandelmus können Sie auch Haselnussmus oder andere Muse aus verschiedenen Nüssen verwenden. Nussmuse sind zwar oft nicht in Rohkostqualität verarbeitet, dennoch ergeben sie eine sehr hochwertige Schokolade ohne künstlichen Zucker. Das Mandelmus kann aber auch ebenso durch 80 g gemahlene und in einer fettfreien Pfanne geröstete Haselnüsse oder Mandeln ersetzt werden. Alle genannten Alternativen sind miteinander kombinierbar.

§ Auch Schokolade wird zunehmend als Fertigprodukt in Rohkost-Qualität angeboten, dazu darf sie nicht über 42 °C erhitzt werden. Sie ist jedoch nur dann zu hundert Prozent vollwertig, wenn sie ganz ohne Zucker hergestellt wurde. Als solche ist sie lediglich vereinzelt in Bioläden, Reformhäusern, Dritte-Welt-Läden und in Onlineshops erhältlich.

RUNDE SANDWICHTALER (SEITE 66) MIT KRÄUTERCREME (SEITE 48)

MÖHREN-KÜRBIS-STICKS (SEITE 57)

SELLERIEWÜRFEL

für ca. 20 Stück

- etwa 1 große Knollensellerie
- 2 TL Zitronensaft
- 2 EL natives Sonnenblumenöl
- Steinsalz
- 1½ TL Sojasauce „Tamari"
- 1 Stück Ingwer (etwa 3 cm)
- 1 EL Balsamico
- einige Blätter Zitronenmelisse

§ Sellerie putzen, schälen, waschen und in Würfel schneiden (2–3 cm groß). 2 EL Selleriewürfel beiseitelegen und mit Zitronensaft vermischen. Die restlichen Würfel mit Sonnenblumenöl in einer heißen Pfanne anbraten, mit wenig Wasser, Salz und 1 TL Sojasauce ablöschen und bissfest garen.

§ Die beiseitegelegten Selleriewürfel in wenig Wasser mit ½ TL geschältem, fein geschnittenem Ingwer weich kochen. Abgießen und mit einer Gabel zerquetschen. Mit Balsamico, ½ TL Sojasauce und 1 EL Wasser in einer kleinen Pfanne erhitzen und bei sanfter Hitze und geöffnetem Topfdeckel kurz reduzieren lassen, bis die Sauce dickflüssig ist, dabei öfter umrühren. Vom Herd nehmen.

§ Zitronenmelisse waschen, trocken schütteln, klein hacken und unter die Sauce mischen. Mit den Fingern den Saft aus dem Ingwerstück dazupressen und wenige Tropfen Balsamico unterrühren, nochmals abschmecken.

§ Die Selleriewürfel auf einem Teller anrichten. Mithilfe eines Teelöffels auf die Oberseite jedes Würfels einige Tropfen Sauce geben.

§ TIPPS §

§ Die Selleriewürfel kann man sich einfach mit den Fingern vom Teller nehmen. Sie können auch Spießchen dazulegen oder die Würfel einzeln auf Zahnstocher stecken. Mit Zitronenmelisse garnieren.

§ Gomasio (asiatisches Sesamsalz) ist ein toller Salzersatz und passt gut zu diesem Rezept. Dann zum Ablöschen keine Sojasauce verwenden. Gomasio gibt es im Bioladen und Reformhaus. Bei anderen Anbietern auf glutamatfreie Produkte achten.

TEIGTASCHEN MIT SPINAT

für ca. 24 Stück

- 1 Bio-Frischhefewürfel (42 g)
- 350 ml lauwarmes Wasser
- 400 g Weizen oder Dinkel, frisch gemahlen
- 100 g Roggen, frisch gemahlen
- 2 EL natives Olivenöl
- Steinsalz
- Korianderpulver, nach Geschmack
- 1 große Zwiebel
- 1 Knoblauchzehe
- 450 g frischer Spinat
- 2 EL natives Olivenöl
- etwas Gemüsebrühpulver
- schwarzer Pfeffer, frisch gemahlen
- Muskatnuss, frisch gerieben

§ Hefe mit dem lauwarmen Wasser verrühren und mit Weizen- und Roggenmehl, Öl, 2 TL Salz und Koriander zu einem glatten Teig verkneten. Mit einem Tuch abdecken und den Teig mindestens eine halbe Stunde an einem warmen, zugfreien Ort gehen lassen.

§ Zwiebel und Knoblauchzehe schälen und klein würfeln bzw. durchpressen. Den Spinat putzen und von dickeren Stielen befreien, waschen und trocken schleudern.

§ Das Öl erhitzen, Zwiebel und Knoblauch kurz darin anschwitzen. Den Spinat dazugeben und fünf Minuten unter Rühren zusammenfallen lassen, mit Gemüsebrühpulver, Salz, Pfeffer und Muskatnuss würzen.

§ Backofen auf 200 °C (oder 180 °C Umluft) vorheizen. Den Teig nochmals durchkneten, halbieren und die Teighälften nacheinander auf einer bemehlten Arbeitsfläche dünn ausrollen (ca. 3–4 mm hoch). Mithilfe eines Glases Kreise von jeweils etwa 10 cm Durchmesser ausstechen.

§ Mit einem Teelöffel kleine Spinatportionen in die Mitte des Kreises setzen. Die Teigränder mit Wasser befeuchten, zu einem Halbkreis zusammenklappen und die Ränder fest aufeinander drücken.

§ Auf ein gefettetes oder mit Backpapier belegtes Backblech legen und etwa 15 Minuten backen.

§ TIPP §

§ Anstelle von Spinat können Sie die Teigtaschen auch mit Grünkohl oder Mangold befüllen. Dazu Stiele und Mittelrippen entfernen, den Kohl klein schneiden und wie oben beschrieben beim Spinat verfahren.

GEFÜLLTE TOMATEN

für ca. 50 Stück

- 50 g Hirse
- ca. 700 g kleine Strauchtomaten (ca. 50 Stück)
- 1 kleine Zwiebel
- 1 Knoblauchzehe
- ½ grüne Gemüsepaprika
- 25 g natives Kokosöl
- evtl. 3–5 EL Wasser
- Steinsalz
- schwarzer Pfeffer, frisch gemahlen
- Curry
- Basilikum
- 1 TL zuckerfreier Senf
- 30 g Pinienkerne
- 1 EL Mandelmus
- 2 EL Petersilie, gehackt

Abbildung Seite 76/77

§ Die Hirse in einem Sieb mit heißem Wasser waschen. Fünf Minuten in 100 ml Wasser bei geschlossenem Deckel kochen. Vom Herd nehmen und etwa zehn Minuten ausquellen lassen.

§ Tomaten waschen, entstielen, trocken tupfen und oben eine kleine Haube abschneiden. Mithilfe eines Teelöffels das wässrige Fruchtfleisch mit den Kernen herauslösen und beiseitestellen.

§ Zwiebel und Knoblauch schälen. Zwiebel in kleine Würfel schneiden, Knoblauch durchpressen oder fein hacken. Paprika waschen, halbieren, von Stiel, Kernen und weißen Trennwänden befreien und klein würfeln.

§ Das Kokosöl in einer kleinen Pfanne erhitzen. Zuerst die Paprika, dann Zwiebel und Knoblauch dazugeben und anschwitzen lassen. Das Innere der Tomaten, Salz, Pfeffer, Curry, Basilikum und Senf untermengen. Etwa zehn Minuten zugedeckt bei sanfter Hitze köcheln lassen, dabei öfter umrühren. Nach Bedarf noch Wasser hinzufügen

§ Pinienkerne in einer Pfanne ohne Fettzugabe kurz anrösten und dazugeben, Hirse und Mandelmus unterrühren.

§ Die abgekühlte Gemüse-Hirse-Masse mithilfe eines Teelöffels in die ausgehöhlten Tomaten füllen. Mit Petersilie bestreuen.

§ TIPP §

§ Von den Tomatenhauben den Strunk ausschneiden und die Hauben z.B. für eine frische Tomatensauce oder für die Mini-Pizzas (s.S. 6/7) verwenden.

GEFÜLLTE WEINBLÄTTER

für 16 Stück

- 170 g Hirse
- ½ TL Steinsalz
- frische Petersilie
- frischer Kerbel
- Steinsalz
- schwarzer Pfeffer, frisch gemahlen
- ½ TL Kurkumapulver
- 1 Zitrone, Saft
- 1 EL natives Leinöl
- 1 TL natives Olivenöl
- 16 eingelegte Weinblätter (ca. 200 g)

Abbildung Seite 76/77

§ Die Hirse in einem Sieb mit heißem Wasser waschen. 300 ml Wasser in einem Topf zum Kochen bringen, Hirse und Salz dazugeben und kurz aufwallen lassen. Nicht umrühren, dann bleibt die Hirse körniger. Bei niedrigster Hitze und geschlossenem Deckel etwa 15 Minuten quellen lassen.

§ Petersilie und Kerbel waschen, trocken schütteln, fein hacken und unter die Hirse rühren. Mit Salz, Pfeffer, Kurkuma und Zitronensaft abschmecken.

§ Die abgekühlte Hirse mit Lein- und Olivenöl vermengen. Jeweils einen gehäuften Esslöffel in ein Weinblatt wickeln.

§ TIPPS §

§ Eingelegte Weinblätter gibt es in Supermärkten sowie in türkischen und griechischen Lebensmittelläden zu kaufen. Da sie in Salzlake eingelegt sind, wässert man sie einige Zeit vor dem Verzehr. Dann abspülen und abtropfen lassen.

§ Um sie selbst einzulegen, benötigt man frische, unbehandelte Weinblätter (spätestens im Juni gepflückt). Diese werden gewaschen und ohne Stiele kurz blanchiert. Dann stapelweise aufeinanderlegen, portionsweise eng zusammenrollen und in sterilisierte Schraubgläser füllen. Mit kochend heißer Salzlake auffüllen (100 g Salz auf 1 l Wasser), luftdicht und kühl lagern.

GEFÜLLTE WEINBLÄTTER (SEITE 75)

GEFÜLLTE TOMATEN (SEITE 74)

WIRSINGROLLEN

für 25–30 Stück

- 500 g Wirsing
- 50 g Buchweizen
- 1 Zwiebel
- 1 Knoblauchzehe
- 1 Möhre
- ¼ Knollensellerie
- ½ Stange Lauch
- 1 Stück Ingwer (ca. 2 cm)
- 3 EL natives Kokos- oder Erdnussöl
- 200 ml Wasser
- 1 EL Gemüsebrühpulver
- Steinsalz
- schwarzer Pfeffer, frisch gemahlen
- Rosmarin
- Basilikum

Abbildung Seite 82

§ Die Wirsingblätter einzeln ablösen und waschen, in reichlich Salzwasser 10–15 Minuten weich kochen. In ein Sieb abgießen, abtropfen und abkühlen lassen. Die Mittelrippen herausschneiden, die Blätter dabei längs halbieren.

§ Buchweizen heiß waschen und in der dreifachen Menge Salzwasser (150 ml) 12–15 Minuten kochen. Den sich anfangs bildenden, roten Schaum mit einer Schaumkelle abschöpfen. Vom Herd nehmen und 15 Minuten quellen lassen. Abgießen und mit warmem Wasser abspülen.

§ Zwiebel und Knoblauch schälen und in feine Würfel schneiden. Möhre mit einer Gemüsebürste waschen oder schälen. Sellerie putzen, schälen und waschen, beides fein raspeln.

§ Lauch putzen, längs halbieren, waschen und in dünne Ringe schneiden. Ingwer schälen und fein raspeln.

§ Öl erhitzen, Zwiebeln und Knoblauch anschwitzen. Möhre, Sellerie, Lauch und Ingwer dazugeben, mit dem Wasser aufgießen. Buchweizen, Gemüsebrühpulver, Salz, Pfeffer, Rosmarin und Basilikum untermengen und acht bis zehn Minuten bei geringer Hitze weich garen.

§ Jeweils 2 TL Füllung auf ein Wirsingblatt geben und dieses aufrollen. Dabei die Seiten leicht einschlagen, damit die Füllung nicht herausfällt. Mit Küchengarn festbinden oder mit Zahnstochern feststecken.

ZUCCHINI-HÄPPCHEN

für ca. 15 Stück

- 100 g Frühlingszwiebeln
- 1 TL natives Sonnenblumenöl
- 1 TL natives Leinöl
- Steinsalz
- ½ TL Kümmel- oder Kreuzkümmelpulver
- 1 mittelgroße Zucchini
- Schnittlauchröllchen

§ Frühlingszwiebeln waschen, putzen und in dünne Ringe schneiden. Mit den Ölen, Salz und Kümmel vermischen. Mithilfe einer Gabel zu einem stückigen Mus zerquetschen oder kurz stückig pürieren. Zucchini waschen und putzen, quer in etwa 15 runde Scheiben schneiden (etwa 1 cm dick). Jeweils einen gehäuften Teelöffel der Zwiebelmischung auf eine Zucchinischeibe geben und mit Schnittlauchröllchen garnieren.

§ TIPPS §

§ Anstelle von Zucchini können Sie auch Hokkaido- oder Gurkenscheiben verwenden.

§ Die Zucchini-Häppchen passen gut auf die kleinen Sandwichtaler (s.S. 66).

ZUCCHINI-RÖLLCHEN

für 24 Fingerfoodspieße

- 12 Trockenpflaumen
- 4–6 kleine Zucchini
- 2 EL natives Olivenöl
- Steinsalz
- 6 Knoblauchzehen
- etwas Gemüsebrühe
- Chilipulver
- 12 große, grüne, entkernte Oliven

§ Die Trockenpflaumen mit Wasser bedecken und einen halben Tag einweichen lassen.

§ Zucchini waschen und putzen. Mit einem Messer oder einem Sparschäler längs in ca. 24 dünne Scheiben schneiden (ca. ½ cm dick). Die Zucchinistreifen mit Olivenöl in einer Pfanne rundum anbraten, salzen.

§ Gegarte Zucchini aus der Pfanne nehmen und die ganzen Knoblauchzehen mit Schale hineingeben, bei sanfter Hitze unter Rühren rundum anbraten. Mit Gemüsebrühe bedecken und zugedeckt etwa 15 Minuten köcheln. Abkühlen lassen, den Knoblauch aus der Schale lösen und halbieren.

§ Pflaumen abgießen, mit wenig Salz und etwas Chilipulver bestreuen, das Einweichwasser wegschütten. Die Oliven mit den gegarten Knoblauchzehen befüllen.

§ Jeweils eine Pflaume oder gefüllte Olive in eine Zucchinischeibe einrollen. Mit Fingerfoodspießen oder bunten Fähnchen befestigen.

§ TIPPS §

§ Die Zucchinischeiben lassen sich sehr dünn geschnitten auch in roher Form als Röllchen zubereiten. Dafür sollten sie nur etwa 2 mm dick sein. Sie lassen sich so gleich zweifach um Pflaume oder Olive wickeln.

§ Alternativ kann man die Scheiben auch gut in einer Grillpfanne anbraten. Zu der Oliven-Variante passt frischer Thymian oder Zitronenthymian.

ZUCCHINI-TALER

für ca. 24 Stück

- 3 Zucchini
- 1 Zwiebel
- je 1 gelbe und rote Gemüse-paprika
- 2 EL natives Olivenöl
- 2 EL natives Sonnenblumenöl
- 1 Tomate
- Steinsalz
- 2 EL Tahin (ungeschälte Sesam-paste ohne Salz)
- frischer Thymian

Abbildung Seite 82/83

§ TIPPS §

§ Als Füllung für die Zucchini-Taler eignet sich auch die Avocadocreme (s.S. 62).

§ Auch andere Gemüsekombinationen sind möglich: Auberginenwürfel mit schwarzen Oliven, Knoblauch und Kräutern der Provence, Kürbiswürfel mit Ingwer und Orangenfilets und viele mehr. Kombinieren Sie das frische Marktangebot nach Lust und Laune!

§ Das Rezept wird zum Rohkostgericht, wenn statt der gebratenen Gemüsewürfel ein fein gewürfelter Fenchelsalat mit roten Zwiebelwürfeln, Orangen- oder Grapefruitfleisch auf die Zucchini-Taler gesetzt wird.

§ Die Zucchini waschen und putzen. Zwei der Zucchini quer in insgesamt etwa 24 fingerdicke Scheiben schneiden. Mit einem scharfen Messer oder einem Kugelausstecher in die Mitte der Scheiben eine Vertiefung schneiden.

§ Zwiebel schälen und sehr klein würfeln. Paprikaschoten waschen und von Stiel, Kernen und Trennwänden befreien. Mit der verbliebenen Zucchini ebenfalls sehr fein würfeln.

§ Die beiden Öle in einer Pfanne erhitzen. Erst Paprika- und Zucchiniwürfel anbraten, dann die Zwiebelwürfel kurz mitbraten.

§ Tomate waschen, klein würfeln und Strunk entfernen. Zum Gemüse in die Pfanne geben, zurückhaltend salzen. Zugedeckt bei sanfter Hitze einige Minuten garen lassen.

§ Tahin bei Bedarf mit etwas Öl vermischen, um es streichfähiger zu machen, salzen. Dünn in die Vertiefungen der Zucchinischeiben streichen und je einen gehäuften Teelöffel gebratenes Gemüse daraufgeben.

§ Thymian waschen, trocken schütteln und mit einer Gabel von den Stängeln streifen. Kurz mit wenig Öl in der Pfanne anrösten und auf den Zucchini-Talern verteilen.

Rezeptverzeichnis

Buchempfehlungen

DAS ERSTE ERFOLGREICHE BUCH DES AUTORENTEAMS HEIMROTH/BORNSCHEIN

Rezepte mit doppeltem Effekt, ohne tierische Produkte und ernährungstechnisch einwandfrei: Genuss vom Frühstück bis zum Abendessen!

Annette Heimroth, Brigitte Bornschein
VEGAN & VOLLWERTIG GENIESSEN
mit einem Vorwort von Barbara Rütting

Hardcover, 216 Seiten, 90 Farbfotos
ISB N 978-3-7750-0573-9

Ganzheitlich vegan genießen, das bedeutet neben den Fragen des Tierschutzes auch die gesundheitlichen Vorteile einer vollwertigen Ernährung mit einzubeziehen. Fast alle veganen Bücher vergessen dies, denn in ihnen werden Sojafertigprodukte, Fabrikfette (z.B. Margarine) und -zucker sowie Weißmehle verwendet, die auf Dauer zu einer Mangelernährung führen. Die meisten Vollwertkochbücher liefern hingegen Rezepte, die zwar dem Gesundheitsaspekt, nicht jedoch dem Bedürfnis nachkommen, keine tierischen Produkte zu benutzen. Die abwechslungsreichen Rezepte dieses Buches schließen nun endlich diese Lücke!

Neue Rezeptideen und weitere Infos rund um unser Buchprogramm finden Sie unter
www.haedecke-verlag.de,
wwww.mizzis-kuechenblock.de
und www.facebook.com/haedecke.verlag

SELBSTGEMACHT AUFS BROT GEBRACHT

38 pikante und süße Aufstriche, vegan und vollwertig für gesunden und leckeren Genuss. Mit vielen Rohkostideen und Backrezepten für passende Brote und Brötchen – und alles ohne Milchprodukte, Eier oder Honig.

Annette Heimroth, Brigitte Bornschein & Markus Bonath
BROTAUFSTRICHE VEGAN & VOLLWERTIG
mit Rezepten für Brote und Brötchen aus vollem Korn

Hardcover, 80 Seiten, 40 Farbfotos
ISBN 978-3-7750-0637-8

GESUNDER GENUSS FÜRS GANZE JAHR

Entdecken Sie die Vielfalt der Keime und Sprossen. Mit leckeren, raffinierten und einfachen Rezepten, Hinweisen zum Selberziehen der Keime aus Getreidekörnern, Hülsenfrüchten und Samen und Informationen über die gesundheitlichen Aspekte.

Valérie Cupillard
KEIME & SPROSSEN
Köstliche Kraftpakete aus der Küche

Hardcover, 120 Seiten, 121 Farbfotos
ISB N 978-3-7750-0484-8

KREATIV VEGETARISCH UND GLUTENFREI

Amarant, Quinoa, Hirse, Erdmandel, Teff, aber auch Buchweizen, Esskastanie und Mais bieten Genuss mit vielen gesundheitlichen Vorteilen. Mit ausführlicher Warenkunde. Ausgezeichnet mit der Silbermedaille der Gastronomischen Akademie Deutschlands.

Erica Bänziger
QUINOA, AMARANT, TEFF & CO.
glutenfreie und vegetarische Genussrezepte

Hardcover, 140 Seiten, 32 Farbfotos
ISB N 978-3-7750-0638-5

IMPRESSUM

www.haedecke-verlag.de
4 3 2 1 | 2017 2016 2015 2014

Redaktion und Lektorat: Julia Genazino
Foodfotos und Cover: Johanna Gollob, Stuttgart
Foodstyling: Alissa Ege
Schmuckbilder: © Digital Vision (S. 71 oben links/Martin Pole); © Hemera (S. 60 oben links/ Monika Adamczyk); © iStock (S. 7/ulkan; S. 18 oben links/Matt_Gibson, oben rechts/ HandmadePictures, unten rechts/anna1311; S. 46 oben links/panco971, oben rechts/olgakr, unten/Magone; S. 53/post424; S. 57/Elenathwise; S. 60 unten links/larik_malasha, unten rechts/elisacicinelli; S. 71 oben rechts/astridkitchen, unten/tashka2000; S. 79/Mallivan); © Money Business Images (S. 18 unten links); © Wavebreakmedia Ltd (S. 60 oben rechts)

Reproduktionen: Snap, Stuttgart

Gestaltung: Julia Graff/Hädecke, unter Verwendung einer Illustration von AllFreeVectors/vecteezy.com
Satz: Arnold & Domnick, Leipzig
Druck: Gorenjski Tisk Storitve, Kranj

Printed in EU 2014

Gesetzt in der Museo und Museo Sans von Jos Buivenga/exljbris, NL
Druck auf chlorfrei gebleichtem FSC-Papier aus nachhaltiger Forstwirtschaft.

ISBN 978-3-7750-0677-4

FSC www.fsc.org MIX Paper from responsible sources FSC® C057358